Niko Fux

Mit der Jägerin unterwegs

# Die Milch kommt aus der Kuh

NEUMANN-NEUDAMM

# Inhaltsverzeichnis

# Ringelschwanz und Steckdosennase

Es ist Anfang Juni. Wiebke und Michael sind auf dem Weg zum Hof von Frau Pirschner. Die Eltern haben sie geschickt, um Wildbratwürstchen zu holen. Es ist ein herrlicher Tag und die Familie will am Abend grillen.

Die beiden schlendern die wenig befahrene Dorfstraße entlang und erreichen bald den kleinen Bauernhof. Hummel entdeckt die Kinder als erstes und flitzt ihnen schwanzwedelnd und freudig bellend entgegen, um sie zu begrüßen. Wiebke streichelt den jungen Jack Russel Terrier.

Da hören sie die Stimme von Frau Pirschner: „Ich bin im Schweinestall!" Wiebke und Michael gehen zu dem Gebäude, von wo sie die Stimme gehört haben. „Hallo Wiebke, hallo Michael", begrüßt Frau Pirschner sie. „Kommt langsam zu mir, ich möchte euch etwas zeigen."

Wiebke und Michael blicken sich gespannt an und schleichen in den Stall.

Hier auf dem Hof gibt es immer etwas zu entdecken und zu sehen, kein Tag gleicht dem anderen, denn viele Tiere halten immer neue Überraschungen bereit, das wissen die beiden nur zu gut.

Im Stall ist es angenehm warm und es riecht nach frischem Stroh und Schweinen. Jeder Stall hat seinen eigenen Geruch und auch seine eigenen Geräusche.

Zusammen mit Frau Pirschner gehen die Kinder zu einer Box hinüber. Sie machen große Augen, als sie die vielen kleinen rosa Ferkelchen in dem mit Stroh ausgelegten, abgegrenzten Bereich sehen.

„Die sind ja niedlich!" Wiebke quietscht vor Entzücken ganz ähnlich wie die Mini-Schweinchen. Sie betrachtet die Kleinen, die sich am Gesäuge der Muttersau drängeln, und ist sofort verzaubert von den süßen kleinen Ringelschwänzchen. Frau Pirschner reicht ihr eins der Ferkel und Wiebke drückt es vorsichtig an ihre Wange. Es duftet wundervoll und seine Haut ist ganz weich und warm. Auch Michael streichelt es behutsam. Doch plötzlich beginnt das Ferkel zu zappeln und Wiebke lässt es zurück ins Stroh. Wie ein geölter Blitz saust es zurück zur Mutter und sucht sich eine Zitze, um zu trinken.

„Warum darf die Mutter nicht aus dem Käfig?", möchte Michael wissen. Er deutet auf ein festes Gestell, in dem die Muttersau liegt.

„Das dient zum Schutz der Ferkel während der ersten Zeit. Denn wenn die Sau sich auf ein Ferkel legt, dann zerdrückt sie es. Durch das Gitter kann sie sich aber nicht dorthin legen, wo die Kleinen gerade schlafen. Trotzdem kann sie sich vor- und zurückbewegen oder sich auf die Seite legen, wie sie gerade mag", erläutert Frau Pirschner. „Außerdem ist es so

viel einfacher, der Sau bei der Geburt zu helfen. Es ist ungefährlicher und verläuft viel ruhiger, da sie nicht weglaufen kann", erklärt sie weiter.

Wiebke schaut zu den mittelgroßen Schweinen im anderen Abteil hinüber, welche die Besucher neugierig mustern, und fragt: „Wollen denn die anderen Schweine nicht auch im Stroh liegen?"

„Das würden sie sicher interessant finden", nickt Frau Pirschner. „Schweine sind sehr neugierige Tiere, die gerne Sachen erkunden und alles im Spiel untersuchen. Im Stroh würden sie wühlen, das gehört zu ihren natürlichen Verhaltensweisen."

„Warum gibst du ihnen dann kein Stroh?" Wiebke blickt fragend zu Frau Pirschner.

„Das hat verschiedene Gründe. Einer ist zum Beispiel, dass es sehr teuer wäre. Dadurch würde auch das Schweinefleisch mehr kosten und das wollen viele Menschen nicht", erklärt diese den Kindern. „Aber wir Landwirte versuchen, es unseren Tieren trotzdem gemütlich zu machen und ihnen die Möglichkeit zu geben, ihre natürlichen Verhaltensweisen und den Spieltrieb auszuleben. Schaut mal, sie haben einen Bereich, den sie zum Ausruhen nutzen. Hier liegt eine dicke Matte aus Gummi, auf der die Schweine bequem schlafen können. Dann gibt es den Spaltenbodenbereich, wo ihre Häufchen durch die Schlitze in den großen Behälter unter den Stallungen fallen. Dadurch bleibt ihr Stall sauber, ohne dass man ständig misten und neu einstreuen muss, weil die Häufchen im Stroh liegen bleiben. Außerdem wärmt es gleichzeitig von unten. Damit sich die Schweine nicht langweilen, sind sie nie alleine im Stall und haben Spielzeug, womit sie sich gerne beschäftigen."

„Ja, das sieht man, sie spielen richtig mit dem Ball." Wiebke beobachtet das angeregte Treiben im Stall.

# Das Hausschwein

Hausschweine gehören zu den *Paarhufern* und zur Familie der *Echten Schweine*. Sie sind *Allesfresser*. Es gibt mehr als 700 Rassen.

**Schwein:** Bezeichnet die Tierart, egal ob männliche oder weibliche Tiere.
Daneben gibt es unterschiedliche Begriffe je nach Geschlecht, Alter und Gewicht.
**Ferkel:** Junges Schwein bis 25 kg.
**Jungsauen:** Weibliche Schweine, bis sie zum ersten Mal Ferkel zur Welt bringen.
**Jungeber:** Männliches Schwein von der Geschlechtsreife (6 Monate) bis zum Alter von 18 Monaten.
**Sau:** Weibliches Schwein, das schon mindestens einmal Ferkel hatte.
**Eber:** Männliches Schwein, das über 1,5 Jahre alt ist.
**Läufer:** Schwein – vor der Hauptmast – zwischen 25 und 50 kg.
**Mastschwein:** Schwein mit einem Gewicht zwischen 50 und 110 kg.

Schweinefleisch gehört in Deutschland zu den beliebtesten Fleischarten.

Sauen werden ebenfalls mit 6 Monaten geschlechtsreif und können zweimal pro Jahr 8 bis 14 Ferkel zur Welt bringen.
Die Tragzeit beträgt 3 Monate, 3 Wochen und 3 Tage. Nach der Geburt bleiben die Ferkel drei bis vier Wochen zum Säugen bei der Mutter.
Schlachtreif sind die Schweine mit ca. 10 Monaten, sie wiegen dann 110–120 kg.

Mastschwein

Ferkel

## Haltungsformen

Heute gibt es nur wenige Betriebe mit Freilandhaltung, die meisten Schweine leben in Ställen. Dort haben sie, in verschiedenen Gruppen mit 10 bis 45 Tieren, ihre jeweils eigenen Bereiche. Die tragenden und säugenden Sauen, die abgesetzten Ferkel, dann die Jungsauen, Mastschweine und Eber.

Überwiegend leben die Schweine auf Spaltenböden ohne Stroh. Es gibt aber auch sogenannte Tiefstreuställe, die mit Stroh eingestreut sind. In der Freilandhaltung benötigen sie Schweinehütten als Unterschlupf. Die Schweine werden mit speziell abgestimmten Futtermitteln, die überwiegend aus Getreide bestehen, gefüttert.

Freilandhaltung auf einer Alm – So leben heute nur noch sehr wenige Schweine.

# Wie geht es Paule und Finchen?

Da sich die Ferkel nun zum Schlafen ins Stroh kuscheln, verlassen die drei den Schweinestall.

„Was führt euch denn heute zu mir?", fragt Frau Pirschner, als sie gemeinsam durch die Stalltür auf den Hof gehen.

„Mama schickt uns. Wir sollen Wildbratwürstchen holen, weil wir heute Abend grillen wollen!" Michael strahlt über das ganze Gesicht, denn er isst Gegrilltes für sein Leben gern.

„Sie hat gesagt, wir dürfen auch noch ein bisschen bei dir bleiben, wenn dir das recht ist", fügt Wiebke hinzu und blickt Frau Pirschner bittend an.

„Gerne, ihr könnt mich ins Revier begleiten. Da kann ich eure Hilfe gut gebrauchen!" Stimmt die Jägerin mit einem Augenzwinkern zu. Sie freut sich immer, wenn die beiden sie besuchen.

„Ich will nur noch schnell nach den Kitzen sehen, die wir bei eurem letzten Schulausflug gemeinsam gerettet haben. Sie sind schon gut gewachsen, ihr werdet staunen. Und auch die anderen Tiere muss ich noch füttern. Kommt ihr mit?"

Na, da lassen sich Wiebke und Michael nicht zweimal bitten. Beide folgen Frau Pirschner und auch Hummel schließt sich den dreien an.

An einer großen eingezäunten Wiese mit Obstbäumen angekommen, halten alle Ausschau nach den kleinen Rehen, die sie vor ein paar Wochen zusammen mit der Schulklasse in einer Wiese gefunden hatten, nachdem die Ricke, die Mutter der beiden Kitze, überfahren worden war.

„Da ist eins." Wiebke zeigt mit dem Finger ins hohe Gras unter einem Baum.

„Sie sind ja ganz scheu." Michael ist ein bisschen enttäuscht, dass die Kitze sich sofort verstecken, als sie die Kinder bemerken.

versorgen die anderen Tiere." Gemeinsam gehen sie wieder zu den Gebäuden auf dem Hof.

„Ja, aber das ist auch gut so. Sie sollen doch später wieder zurück in die Freiheit und da ist es ganz wichtig, dass sie den Menschen nicht zu sehr vertrauen. Sie sollen schließlich ein normales Rehleben führen", erklärt Frau Pirschner den Kindern. „Wir lassen sie nun lieber in Ruhe und

# Die Kälber haben Durst

Sie betreten den Stall, in dem die Bullen stehen. Sofort riechen sie den würzigen Geruch der Silage, dem Futter, das die Rinder gerne fressen.

Diese warten schon auf Frau Pirschner und rufen muhend, als sie die drei entdecken. Das ist ganz schön laut. Die Jägerin verteilt Silage und augenblicklich kehrt Ruhe ein. Genüsslich kauen die großen Tiere und lassen sich von den Kindern an der Stirn streicheln. Mit ihren langen Zungen angeln sie sogar nach den Händen.

„Haltet immer etwas Abstand", erinnert Frau Pirschner Wiebke und Michael daran, nicht zu nah an die Bullen heranzutreten. „Denn sie können unbeabsichtigt mit den Hörnern stoßen, wenn sie den Kopf beim Fressen hin und her bewegen, um ans Silo zu kommen, oder wenn sie lästige Fliegen vertreiben wollen."

Sie gehen durch den Stall in eine Kammer und Frau Pirschner sagt: „Jetzt sind die Kälbchen an der Reihe. Denen bringen wir Milch." Sie rührt in Eimern Milchpulver mit warmem Wasser an. Die Eimer haben unten einen rosa Sauger, ähnlich dem Fläschchen, das Babys bekommen. Michael und Wiebke dürfen je ein Kälbchen tränken.

„Warum sind sie denn nicht bei ihren Müttern?", fragt Wiebke, während sie dem Kälbchen den Eimer hinhält.

„Die Mütter sind nicht hier auf dem Hof, sondern werden im Milchviehbetrieb gehalten, wo sie täglich zweimal gemolken werden. Von dort werden die Kälber nach zwei Wochen an uns abgegeben. Wisst ihr, wir halten die Rinder hier, um Fleisch zu gewinnen. Deshalb haben wir vor allem Bullen. Heute bleiben nur noch ganz wenige Kälber bei ihren Müttern", erklärt Frau Pirschner, während sie den Kälbern weiteres Stroh in die Boxen gibt.

„Oh, warum denn nicht?" Michael blickt auf das gierig schlürfende Kälbchen.

„Das ist so", beginnt Frau Pirschner. „Kühe geben nur Milch, wenn sie ein Kälbchen bekommen haben. Weil wir aber die Milch trinken wollen, reicht es nicht, dass der Mensch die Milch mit den Kälbern teilt. Daher werden diese mit Ersatzmilch von Hand aufgezogen."

„Ich würde aber teilen", sagt Wiebke und streichelt das Kälbchen sanft.

„Ja, das glaube ich dir Wiebke. Aber es geht ja nicht alleine um die Milch, sondern um alle Produkte,

die Milch enthalten. Vom Joghurt, den ihr mit zur Schule nehmt über das Kuchenstück, das ihr beim Bäcker kauft, bis hin zum Schokoriegel, den ihr nascht."

„Erster! Meins hat schon ausgetrunken", grinst Michael.

# Die Kuh-Waschstraße

Die Kälber sind satt und kuscheln sich ins Stroh, um ein wenig zu schlafen.

„Ist das hier bei den Bullen mit dem Stroh genauso wie bei den Schweinen?" Michael hatte bemerkt, dass es auch im Bullenstall einen Bereich für die erwachsenen Tiere gibt. „Ja, richtig, das ist ähnlich wie im Schweinestall. Die Bullen haben die Möglichkeit, sich auf die Matte zu legen und dort in Ruhe wiederzukäuen, das nennt man so, wenn die Rinder das Futter nach einer Zeit wieder hochwürgen, erneut durchkauen und wieder runterschlucken. Diese Ruhephasen brauchen sie, denn sie gehört zu ihrer Verdauung. Ein Rind frisst am Tag ungefähr 50 kg Futter und trinkt bis zu 120 Liter Wasser. Das macht an einem Tag 50 Liter Gülle. Man bräuchte also sehr viel Stroh, wenn man den Stall sauber halten möchte, und es ist sehr aufwändig, diese Masse auszumisten. Nur die Ruhezonen, in denen sich die Tiere zum Wiederkäuen und Ausruhen auf die Gummimatten hinlegen, sind zusätzlich noch mit Einstreu bedeckt, sodass die Tiere sich wohlfühlen", erklärt Frau Pirschner.

„Und womit beschäftigen sie sich, damit es nicht langweilig wird?", möchte Michael wissen.

„Schau mal, dort an der Wand, siehst du diese Rolle mit den besenähnlichen Borsten?" Frau Pirschner deutet auf den hinteren Bereich im Auslauf der Bullen.

„Das ist ja wie eine Waschstraße!" Michael reißt die Augen auf und auch gleich den Mund mit, als er sieht, wie einer der Bullen sich unter diese Bürste stellt und seinen Rücken schubbert.

Frau Pirschner lächelt. „Ja, da gibt es eine gewisse Ähnlichkeit. Die Tieren nutzen es sehr gerne zur Fellpflege, es steigert ihr Wohlbefinden."

„Die haben es aber gut", staunt Michael.

„Stimmt!" Frau Pirschner blickt die Kinder an. „Der Landwirt lebt nicht nur von seinen Tieren, letztlich lebt er auch mit ihnen und für sie. Ihr Wohl liegt ihm sehr am Herzen. Es gibt verschiedene Möglichkeiten, wie man seine Tiere halten kann. Bei allen Haltungsformen steht aber das Wohl der Tiere im Vordergrund", sagt sie und fragt dann: „Wollt ihr noch nach den Hühnern schauen und die Eier einsammeln? Ich ziehe mich in der Zwischenzeit um und dann fahren wir ins Revier." Frau Pirschner stellt die Milcheimer zur Seite und gibt den Kindern geflochtene Weidenkörbe.

# Das Rind

Es gibt weltweit ca. 450 verschiedene Rinderrassen. Bei uns kommen vor allem die Schwarz- und Rotbunten, das Fleckvieh und Braunvieh vor. Daneben gibt es aber auch Hochland- und Heckrinder sowie die lockigen Galloways.

Hochlandrind

**Rind:** Sammelbegriff für alle weiblichen und männlichen Tiere.

**Bulle:** Geschlechtsreifes männliches Tier.

**Ochse:** Kastriertes männliches Tier.

**Färse:** Weibliches Rind, bevor es das erste Kalb zur Welt gebracht hat.

**Kuh:** Weibliches Rind, nachdem es das erste Kalb bekommen hat.

**Mutterkuh:** Kuh, die ihr Kalb großzieht und nicht gemolken wird.

**Kalb:** Männliches oder weibliches Rind, das noch keine sechs Monate alt ist.

**Milchkuh:** Kuh, die gehalten wird, um Milch zu gewinnen.

**Fleischrind:** Männliches oder weibliches Rind, das zur Fleischgewinnung gehalten wird.

Rinder liefern vor allem Milch und Fleisch. Aus Milch werden viele Produkte hergestellt, wie z. B. Butter, Käse, Joghurt, Sahne, Quark usw.
Eine Kuh gibt am Tag ca. 22 Liter Rohmilch, das entspricht entweder:

- *22 l Trinkmilch oder*
- *22 kg Joghurt oder*
- *5 kg Quark oder*
- *3 l Sahne oder*
- *2,2 kg Käse oder*
- *1,25 kg Butter*

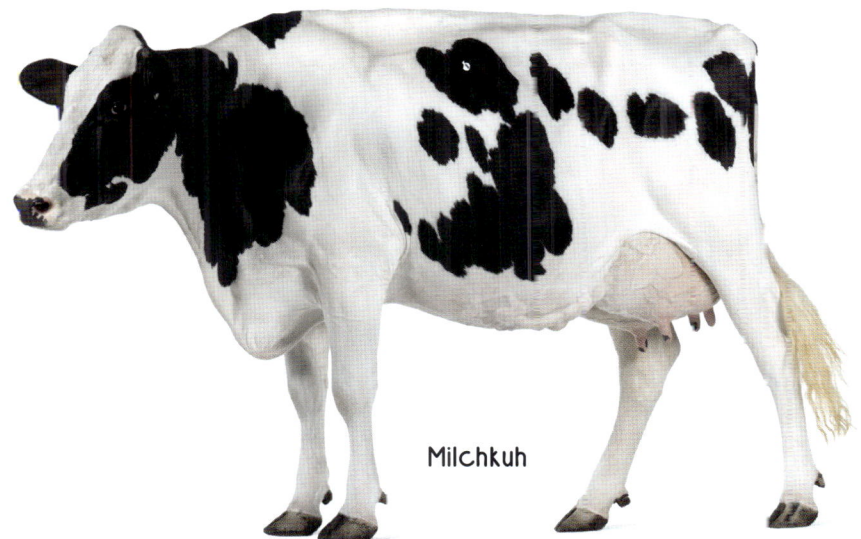

Milchkuh

Außerdem liefern Rinder Gülle und Mist. Diese werden auf den Feldern als natürliche Düngemittel verwendet oder finden in Biogasanlagen zur Energiegewinnung Verwendung.

Die meisten Rinder leben heute in Boxenlaufställen. Diese bieten ihnen die Möglichkeit, sich frei zu bewegen und verschiedene Bereiche zu besuchen, wo sie liegen können, fressen oder gemolken werden.

Auf vielen Höfen werden Rinder heute in Boxenlaufställen gehalten.

Die meisten Ställe haben in den Laufgängen kleine Spalten im Boden, durch die Kot und Urin in einen Sammelbehälter gelangen.

Rinder werden mit Gräsern, Kräutern oder anderen Pflanzen wie z. B. Mais gefüttert. Dieses Futter kann frisch, getrocknet oder als Silage angeboten werden. Kraftfutter und Salzlecksteine ergänzen das sogenannte Grundfutter.

Rinder gehören zu den Wiederkäuern. Sie haben nicht wie wir Menschen einen einzelnen Magen, sondern ein mehrteiliges Magensystem. Dieses besteht aus drei Vormägen (Pansen, Netz- und Blättermagen) und dem Labmagen, dem eigentlichen Magen. Im Pansen wird die nur grob gekaute Nahrung mithilfe von Bakterien vorverdaut. Dann würgen die Rinder sie wieder hoch und kauen sie erneut gründlich durch (Wiederkäuen).

Die Tragzeit dauert bei Rindern ungefähr neun Monate und neun Tage. Da eine Kuh nur dann Milch gibt, wenn sie ein Kälbchen geboren hat, hat sie in der Regel einmal im Jahr Nachwuchs.

# Ostern in der Schublade

Wiebke und Michael sausen zum Hühnerhaus, das in einer hübsch eingezäunten Wiese liegt. Die Hühner picken unter den Apfelbäumen nach Körnern und Insekten. Es gibt einige sandige Stellen, wo sie das ganze Gras schon weggekratzt haben. Dort nehmen sie gelegentlich ein Sandbad und betreiben so ihre Körperpflege. Im Hühnerhaus liegt Stroh auf dem Boden und an der einen Wand sind treppenartig Stangen angebracht. Hierauf schlafen die Hühner in der Nacht. Auf der gegenüberliegenden Seite sind Legenester befestigt. Durch ein Loch in deren Böden, kullern die Eier in darunterliegende Schubladen. Diese ziehen die Kinder nun auf und können die frisch gelegten Eier entnehmen. Fünfzehn Stück sammeln sie in ihren Körbchen und bringen sie zu Frau Pirschner. Diese hat in der Zwischenzeit die Stallkleidung gegen ihre grüne Kleidung getauscht. Man erkennt nun schon auf den ersten Blick, dass sie eine Jägerin ist.

Nachdem sie die Eierkörbchen in den Flur gestellt hat, nickt sie den Kindern auffordernd zu: „Wollen wir los?"

# Hühner und Gänse

Es gibt landwirtschaftliche Betriebe, die sich nur auf Hühner, Gänse oder anderes Geflügel spezialisiert haben.

Außerdem kommen diese Tiere oft in kleinerer Zahl auf vielen Bauernhöfen vor.

### Huhn

**Huhn:** Sammelbegriff für alle männlichen und weiblichen Tiere.

**Hahn:** Männliches Huhn.

**Henne:** Weibliches Huhn.

**Hühnerküken:** Junge Hühner.

**Junghenne:** Weibliches Tier, das älter als 9 Wochen ist, aber noch keine Eier legt.

**Hähnchen:** Sowohl männliches als auch weibliches Huhn mit einem Alter von 5 bis 7 Wochen und einem Gewicht von 0,8 bis 1,2 kg.

**Poularde:** Masthuhn, das älter als 7 Wochen ist und ein Gewicht zwischen 1,3 und ca. 2,5 kg hat.

Hühner liefern vor allem Eier, aber auch Fleisch.

Die Tiere werden heute in der sogenannten Bodenhaltung in Ställen gehalten, wo sie sich frei bewegen können. Bei manchen Haltungsformen haben die Hühner auch Zugang zu einem Außengehege, was dann als Freilandhaltung bezeichnet wird. In Deutschland ist die Käfighaltung seit dem Jahr 2010 verboten.

Bodenhaltung

Verboten: Käfighaltung.

Hahn

## Gänse

**Gans**: Oberbegriff für die Art, aber auch die Bezeichnung für das weibliche Tier.
**Ganter/Gänserich**: Männliches Tier.
**Gänseküken/Gössel**: Tiere beiderlei Geschlechts, die jünger als 6 Wochen sind.

Gänse werden vor allem als Fleischlieferanten gehalten. Ihre Federn und Daunen werden außerdem als Füllmaterial verwendet, z. B. für Kopfkissen. Die Eier werden nur selten gegessen.

Die Tiere leben bei uns überwiegend in kleinen Herden zusammen und kommen meist ins Freiland. Die Weidesaison beginnt im März und endet erst ca. vier bis sechs Wochen vor der Schlachtung. Dann kommen die Gänse zur Endmast in den Stall, wo sie mit Getreide gefüttert werden. Ansonsten ernähren sie sich von Grünfutter.
Die Zeit vom Küken zum schlachtreifen Tier beträgt ca. 8 Monate.

Gänse werden heute meist in Herden im Freien gehalten.

# Auf ins Revier

Mit dem Auto fahren die drei samt Hummel zum Bauernhof von Familie Otte.

„Bauer Otte hat mich angerufen und mir mitgeteilt, dass er einen Wildschaden in seinem Rapsfeld entdeckt hat", sagt Frau Pirschner unterwegs zu den Kindern.

„Was bedeutet Wildschaden?", möchte Michael wissen.

Während sie auf die Hofeinfahrt zufahren, erklärt die Jägerin: „So nennt man es, wenn Wildtiere, z. B. Wildschweine, die Feldfrüchte fressen oder sonstige Schäden verursachen, die die Ernte vermindern. Das kann auch eine durch wühlende Wildschweine beschädigte Wiese sein. Der Jäger, der das Revier gepachtet hat, ist für den Schaden verantwortlich und muss ihn dem Landwirt ersetzen, wenn das im Pachtvertrag vereinbart ist."

„Dann ist es ja total gut, dass Bauer Otte direkt bei dir angerufen hat und du schnell was machen kannst", bemerkt Wiebke.

„Oh ja, das ist super. Bauer Otte und ich arbeiten ganz toll zusammen und erreichen so das Bestmögliche für seine Felder und Wiesen und eben auch für unser Wild. Schaut mal, da kommt er schon."

„Ah, da ist ja unsere Jägerin und sie hat gleich Verstärkung mitgebracht", sagt der Bauer freundlich lächelnd.

„Hallo Heinrich." Frau Pirschner und Bauer Otte kennen sich schon lange. „Um was für einen Schaden handelt es sich?"

Nachdem sich die beiden Erwachsenen unterhalten und alles Wichtige besprochen haben, geht die Fahrt weiter ins Revier.

„Was ist eigentlich der Unterschied zwischen Bauern und Landwirten?", erkundigt sich Michael, dem aufgefallen ist, dass Frau Pirschner einmal von Bauer Otte sprach und dann aber auch von Landwirten.

„Landwirt ist der moderne Begriff für den Ausbildungsberuf, Bauer wurde dieser Beruf früher genannt. Bauer Otte ist zwar gelernter Landwirt, aber ihm gefällt die alte Bezeichnung besser. Er und auch ich selbst verbinden diesen Begriff mit Tradition und Brauchtum."

# Landwirt/Bauer

Landwirt ist die moderne Bezeichnung für den Begriff Bauer.
Um Landwirt zu werden, macht man eine Ausbildung oder studiert.

Landwirte sind Alleskönner rund um Ackerbau und Tierhaltung. Aber auch die Geschäftsvorgänge beim Verkauf der Erzeugnisse müssen sie beherrschen.
Das Ziel der Landwirte ist es, Produkte in guter Qualität zu gewinnen, von denen sich die Menschen ernähren können. Deshalb ist ihnen ein verantwortungsbewusster Umgang mit den Tieren, der Natur und der Umwelt wichtig. Denn nur, wenn die Tiere und Pflanzen gesund sind, können Landwirte hochwertige Lebensmittel gewinnen. Dass die Tiere sich wohlfühlen, hängt nicht mit ihrer Zahl in einem Betrieb zusammen, sondern damit, ob sie fachkundig gehalten werden. Dabei sind vor allem fünf Dinge wichtig:

Quelle: Farm Animal Welfare Council (FAWC)

Keine Angst
und kein Leid

Möglichkeit zum
artgerechten Verhalten

Kein Hunger
oder Durst

Geeignete
Unterbringung

Tierwohl

Keine Verletzungen
und Schmerzen

# Der Schaden im Raps

Frau Pirschner biegt in einen Feldweg ab. Die Fahrt geht vorbei an verschiedenen Feldern, hier und da sieht man auch einen Trecker, es wird z.B. gemäht oder Dünger verteilt. Die Landwirte grüßen und die Jägerin und die Kinder winken zurück.

„Was wird hier alles angebaut?", fragt Wiebke, die die Unterschiede der Felder bemerkt hat.

Frau Pirschner blickt kurz in den Rückspiegel zu Wiebke. „Hauptsächlich bauen die Landwirte Getreidesorten wie Weizen, Gerste und Roggen an. Aber auch Mais, Zuckerrüben, Raps und Kartoffeln", antwortet sie.

Sie nähern sich einem großen Rapsfeld. Noch vor zwei Wochen strahlten die Blüten so gelb, dass es fast schon blendete, nun sind sie fast verblüht und das Feld ist hellgrün.

„Oh weh, schaut mal, das ist das Feld, von dem Bauer Ote gesprochen hat." Frau Pirschner deutet auf die dunklen Flecken im sonst so hellen Grün.

Deutlich erkennen die Kinder den Schaden. Einige Stellen sind plattgedrückt und die Erde ist aufgewühlt.

# Feldfrüchte

**Mais:** Pflanze wird bis zu 2 m hoch und hat Kolben mit gelben Maiskörnern. Dient als Futtermittel, Energielieferant für Biogasanlagen, Lebensmittel (z. B. Cornflakes, Polenta).

**Roggen:** Ähren mit mittellangen Grannen. Dient als Futtermittel, Lebensmittel (z. B. Brot).

**Gerste:** Ähren mit langen Grannen. Dient als Futtermittel, Lebensmittel (z. B. Brot, Bier).

**Hafer:** Getreidekörner an Rispen und nicht an Ähren. Dient als Futtermittel, Lebensmittel (z. B. Müsli).

**Weizen:** Ähren ohne Grannen. Dient als Futtermittel, Lebensmittel (z. B. Brot, Kuchen, Bier).

**Zuckerrüben:** Eine dicke weißliche Knolle, die unter der Erde wächst. Oben sind breite, grüne Blätter zu sehen. Dient als Futtermittel, Gründüngung, Lebensmittel (z. B. Zucker, Zuckerrübensirup).

**Raps:** Blüht im Frühjahr gelb. Samen sind kleine  schwarze Körner in länglichen Schoten. Dient als Futtermittel, Lebensmittel (z. B. Speiseöl), Treibstoff für Maschinen.

**Kartoffeln:** Aus einer Mutterkartoffel, die in die Erde gesetzt wird, wächst eine neue Pflanze mit vielen neuen Kartoffeln. Dienen als Lebensmittel und Futtermittel.

**Gras:** Von Tieren auf der Weide wird es gefressen, es wird aber auch gemäht und dient z. B. als Heu (getrocknetes Gras), Heulage (angewelktes Gras) und Silage (durch Gärung konserviertes Gras) als Winterfutter. Heulage und Silage wird durch Luftentzug und Gärung haltbar gemacht. Sie sind häufig als große, in Folie gewickelte Ballen auf den abgemähten Wiesen zu sehen. Unter dieser Folie gärt das Gras.

Das Auto stoppt und alle steigen aus. Warm fällt die Sonne auf sie und der Geruch des Rapsfeldes hängt in der Luft.

Die Jägerin kniet sich hin und untersucht den Boden. Schnell wird sie fündig. „Schaut mal, hier sind Trittsiegel zu sehen. Erkennt ihr sie?"

Michael schaut sich die Abdrücke genau an. Unterschiedlich groß sind die Spuren, aber einige sind ganz deutlich zu erkennen. „Die sehen aus wie die Wildschweinabdrücke, die du uns gezeigt hast", sagt er und sieht die Jägerin fragend an.

„Richtig, das waren Wildschweine! Man kann gut erkennen, wo sie langgelaufen sind und wie sie die Rapspflanzen plattgetreten und den Boden aufgewühlt haben."

„Gibt es im Wald nicht genug zu fressen?", möchte Wiebke von Frau Pirschner wissen.

„Normalerweise gibt es genügend Futter in den Wäldern, aber die Tiere kennen natürlich den Unterschied zwischen dem Wald und dem Feld des Landwirts nicht. Für sie ist es einfach eine willkommene Möglichkeit, ohne großen Energieaufwand schnell satt zu werden."

Michael grinst. „Ja, wenn ich ein Wildschwein wäre, würde ich auch lieber im Feld fressen! Das ist ja wie im Schlaraffenland."

„Und was machst du nun, damit sie nicht weiter alles abfressen und plattmachen?", fragt Wiebke.

„Ich werde mir das Ganze diese Nacht anschauen. Ich muss erst sehen, um was für eine Rotte es sich handelt, also was für Tiere in der Gruppe leben. Wenn es sich um eine Bache mit Frischlingen handelt, ihr wisst ja, so nennt man die Schweinemutti mit ihren Kleinen, dann werde ich versuchen, sie mit einem Zaun fernzuhalten. Wenn es sich aber um eine

Rotte Überläufer, also Heranwachsende, handelt, werde ich versuchen, einen von ihnen zu erlegen. Bachen und Keiler sind zurzeit noch geschont, das bedeutet, dass sie jetzt nicht bejagt werden dürfen. Und die Frischlinge sind noch zu klein, um sie zu verwerten, daher schone ich sie auch. Wir Jäger sind ja dazu da, das Gleichgewicht in der Natur zu erhalten und da ist es erforderlich, auch Tiere zu erlegen, um zu verhindern, dass die Anzahl der Wildschweine zu groß wird und dann das Nahrungsangebot, das für sie vorhanden ist, nicht mehr ausreicht. Das geschossene Wildschwein wird zu einem hochwertigen Lebensmittel verarbeitet, z. B. zu den Wildbratwürstchen, die ihr so gerne mögt.

# Landwirtschaft und Jagd

Landwirtschaft und Jagd sind seit Tausenden von Jahren Teil unserer Entwicklung und eng miteinander verknüpft. Deshalb arbeiten auch heute Landwirte und Jäger noch eng zusammen, um dadurch für die Wildtiere einen guten Lebensraum zu gestalten und gleichzeitig zu verhindern, dass diese in den Feldern zu große Schäden anrichten.

## Was tut der Landwirt für die Wildtiere und den Jäger?

- Stellt Brachflächen zur Verfügung, auf denen die Wildtiere Äsung finden.

- Informiert den Jäger, bevor er eine Wiese mäht, damit dieser sie nach Jungwild absuchen kann.

- Lässt Hecken und Feldholzinseln zwischen seinen Feldern stehen, damit die Wildtiere dort Deckung finden.

- Erlaubt dem Jäger, auf seinem Land Hochsitze zu bauen.

- Legt in seinem Feld Schussschneisen an, damit der Jäger z. B. Wildschweine besser bejagen kann.

- Unterstützt den Jäger beim Anlegen von Wildäckern.

# Was tut der Jäger für die Wildtiere und den Landwirt?

- Rettet Kitze und andere Jungtiere vor dem Mähwerk.

- Sitzt an Feldern an und bejagt dort Wildarten, die sonst die Feldfrüchte schädigen würden.

- Bemüht sich, Wildschäden zu vermeiden, z. B. durch das Errichten von Zäunen oder die Abwehr mit Geruchsstoffen, die die Wildtiere nicht mögen.

- Ersetzt dem Bauern entstandene Wildschäden von Schalenwild (z. B. Wildschweine, Rehe, Rotwild), Fasan und Kaninchen.

- Legt Wildäcker an.

- Bepflanzt Randstreifen und legt zwischen den Feldern Hecken an.

- Pflegt und betreut sein Revier und sorgt für die Tier- und Pflanzenwelt, z. B. durch das Einrichten von Nisthilfen, Fütterungen in Notzeiten und vieles mehr.

- Versucht einen artenreichen und gesunden Wildbestand zu erhalten.

- Bejagt auch Raubtiere, damit sich keine Krankheiten und Seuchen ausbreiten können.

- Liefert ein hochwertiges Nahrungsmittel.

- Sucht nach Wildunfällen im Straßenverkehr nach den verletzten Tieren, um sie im schlimmsten Fall zu erlösen.

# Die „Kitz-rette-Scheuche"

Wieder im Auto erklärt die Jägerin: „Jetzt können wir erst mal nichts machen. Ich werde später noch einen Hochsitz herbringen und dann die Nacht über schauen, wer hier frisst und anschließend entscheiden, was zu tun ist. Jetzt fahren wir noch zu einer Wiese, die Bauer Otte bald mähen will. Das steht immer in der Zeit an, in der die Rehe ihren Nachwuchs dort im Gras verstecken."

„Damit die Kitze nicht unter die Räder kommen?" Wiebke schüttelt es beim Gedanken daran.

„Genau! Deswegen werden wir heute Vogelscheuchen aufstellen." Die Kinder rutschen weiter auf ihrem Sitz nach vorn. „Aber warum denn Vogelscheuchen? Du willst doch keine Vögel verscheuchen", fragt Michael und blickt skeptisch zur Jägerin.

Diese schüttelt lächelnd den Kopf. „Die Ricken lassen ihre Kitze im hohen Gras zurück, weil diese noch zu klein sind, um ihr auf Schritt und Tritt zu folgen. Hier bleiben die Kleinen liegen, selbst wenn der Trecker näher kommt. Sie fliehen nicht, sondern ducken sich nur. Das bringt sie in die große Gefahr, durch das Schneidwerk verstümmelt oder getötet zu werden. Denn der Landwirt sieht das Kitz oft nicht, selbst wenn er noch so vorsichtig ist. Um die Ricke nun dazu zu bringen, ihre Kleinen aus der Gefahrenzone zu holen, stellen wir Jäger z. B. Vogelscheuchen auf. Der Geruch der getragenen Kleidung, die menschenähnliche Gestalt und die Bewegung, die durch den Wind verursacht wird, beunruhigen die Rehmutter und sie wird ihren Nachwuchs bald aus der Wiese locken, um ihn in Sicherheit zu bringen."

„Also ist das eine ,Kitz-rette-Scheuche'", stellt Wiebke fest.

„Genau!" Frau Pirschner muss lachen. „So sollten wir es nennen."

# Feld und Wiese

Feld oder Wiese, das ist manchmal gar nicht so leicht zu unterscheiden, denn am Anfang sieht ein bepflanztes Getreidefeld wie eine grüne Wiese aus. Allerdings ist ein Feld sehr gleichmäßig und man findet nur eine Pflanzenart, während eine Wiese bunt bewachsen ist.

## Darf ich eine Wiese oder ein Feld betreten?

Ihr dürft alle Felder und Wiesen betreten, die abgeerntet sind. Einen Drachen im Herbst auf einem Stoppelfeld steigen zu lassen oder auf einer abgemähten Wiese fangen zu spielen, ist also erlaubt. Wenn das Feld allerdings bestellt ist oder auf einer Wiese Gräser und Kräuter hoch wachsen, dann macht ihr sehr viel kaputt, wenn ihr sie betretet und der Bauer kann weniger ernten. Man darf schließlich nicht vergessen, dass auf den Feldern unsere eigene Nahrung angebaut wird und dass auf den Wiesen Futter für das Vieh wächst.

Auch beunruhigen frei laufende Hunde die Wildtiere, die sich in den Wiesen und Feldern aufhalten. Selbst wenn diese ihnen nichts tun wollen, wissen das die Wildtiere nicht und leiden Todesangst.

Außerdem sollten Hunde nicht auf den Feldern und Wiesen toben, denn sie zertreten sehr viel. Auch hinterlassen sie oft ein Häufchen. Die Hundehäufchen können eine Gefahr für uns und das Vieh werden, denn dadurch können zahlreiche Krankheiten übertragen werden.

Vor allem im Frühjahr und Sommer, in der sogenannten Brut- und Setzzeit, nutzen viele Tiere die Wiesen und Felder, um ihre Jungen im hohen Gras oder zwischen den Feldfrüchten zu verstecken.

Manchmal kommt es vor, dass man Jungtiere findet, z. B. Rehkitze, junge Hasen oder kleine, scheinbar alleingelassene und flugunfähige Vögel.

Diese Tiere sind in den seltensten Fällen auf menschliche Hilfe angewiesen. Die Elterntiere sind immer in der Nähe, nur verstecken sie sich vor uns Menschen und werden daher nicht gesehen. Sie kümmern sich um ihren Nachwuchs, auch wenn es auf den ersten Blick nicht so aussieht.

Wenn ihr aber denkt, dass das gefundene Tier in einer hilflosen Situation ist, dann sollte der Jäger informiert werden. Dieser kann die Situation einschätzen und wird sich – wenn nötig – um das Jungtier kümmern.

Da erreichen sie auch schon die Wiese. Das saftige Gras reicht den Kindern bis über die Knie. Frau Pirschner sagt zu Wiebke: „Schau mal im Handschuhfach, dort findest du eine Sprayflasche mit Zeckenschutz. Bitte sprüht euch das auf die Hosenbeine und freien Stellen, damit die Zecken fernbleiben", bittet sie die Kinder.

Das erledigen die beiden ruck-zuck und helfen dann beim Ausladen der „Kitz-rette-Scheuchen". Diese bestehen aus zwei kreuzförmig verbundenen Holzlatten, die mit alter Kleidung behangen sind, welche mit Stroh ausgefüllt wurde. Ja, sogar einen runden Kopf aus einem alten Kissen mit Hut und liebevoll aufgemaltem Gesicht haben die Scheuchen, die die drei nun in die Wiese tragen.

Nachdem geeignete Plätze gefunden sind, gräbt Frau Pirschner mit einem Spaten Löcher in den Boden und stellt die Scheuchen auf, indem sie sie mit dem Hammer fest in die Erde schlägt. Als alle stehen, machen sich die drei auf den Weg zurück zum Auto. Sie sind ein wenig ins Schwitzen gekommen, denn es war anstrengend, aber sie haben auch ein tolles Gefühl, etwas für die Wildtiere getan zu haben.

„Vorsichtshalber werde ich direkt vor dem Mähen noch einmal mit Hummel die Wiese gründlich absuchen. Wenn ihr Lust habt, könnt ihr gerne mithelfen!" Die Jägerin blickt beide Kinder fragend an.

„Sehr gerne", freuen sich die beiden.

# Eine plötzliche Begegnung

Potzblitz! Wiebke plumpst vor Schreck auf den Hosenboden! Was war denn das? Urplötzlich sauste etwas direkt vor ihren Füßen los.

Michael lachte lauthals los. „Das war nur ein Hase, Wiebke! Du hättest dein Gesicht sehen sollen!"

Wiebke kann nun auch wieder lachen, sie steht auf und klopft sich den Schmutz von der Hose. „Ich hab mich total erschreckt. Er ist direkt vor meinen Füßen aufgesprungen und davongelaufen."

„Er hat sich vor dir verstecken wollen und als es ihm zu brenzlig wurde, ist er losgestürmt", erklärt Frau Pirschner und legt beruhigend die Hand auf Wiebkes Schulter.

# Säugetiere

## Hase

**Größe:** Ca. 60 cm lang und 2,5–4 kg schwer.
**Nahrung:** Gräser, Kräuter, Getreide, Knospen und Rinde.
**Fortpflanzung:** Hasen bekommen 2–3 Mal im Jahr 1–5 Junge. Die ersten kommen im März zur Welt. Sie werden behaart und sehend im Freien geboren. Sie verstecken sich im hohen Gras und warten dort auf die Mutter, die nur einmal am Tag zum Säugen kommt.
**Lebensweise:** Hasen sind Einzelgänger. Sie haben keinen Bau, sondern ruhen in einer flachen Mulde auf dem Boden, der Sasse. Vor Feinden ducken sie sich, können aber auch blitzschnell rennen. Sie schlagen Haken, um den Verfolger abzuhängen.

# Kaninchen

**Größe:** Deutlich kleiner als der Hase und nur ca. 1,5–2 kg schwer.

**Nahrung:** Kräuter, Gräser, Getreide, Gemüse.

**Fortpflanzung:** Kaninchen bringen 5–7 Mal pro Jahr bis zu 7 Junge in einem Erdbau zur Welt. Die Jungen werden nackt und blind geboren. Die Mutter kommt einmal pro Tag zum Säugen zu ihnen. Nach 8 Wochen sind die Jungkaninchen selbstständig.

**Lebensweise:** Im Gegensatz zu Hasen leben Kaninchen in Großfamilien zusammen. Sie bewohnen unterirdische, selbst gegrabene Baue. Bei Gefahr warnen sie die anderen, indem sie mit den Hinterläufen auf den Boden klopfen.

## Igel

**Größe:** Ca. 22–30 cm lang. Vor dem Winterschlaf beträgt das Gewicht 800–1200 g, nach dem Winterschlaf nur noch ca. 400 g.

**Nahrung:** Regenwürmer, Insekten, Aas, Eier und Jungvögel von Bodenbrütern, Schnecken.

**Fortpflanzung:** Die Igelmutter bringt in der Zeit von August bis September ca. vier Igelkinder zur Welt. Diese werden blind und taub in einem Versteck geboren. Die ersten Stacheln sind noch ganz weich. Nach ca. 6 Wochen sind die Igelkinder selbstständig.

**Lebensweise:** Igel sind nachtaktive Einzelgänger. Um sich vor Angreifern zu schützen, rollen sie sich ein und stellen ihre Stacheln auf, sodass sich alle stechen, die sie beißen wollen. Der Igel verschläft den ganzen Winter in einem sicheren Versteck.

# Maulwurf

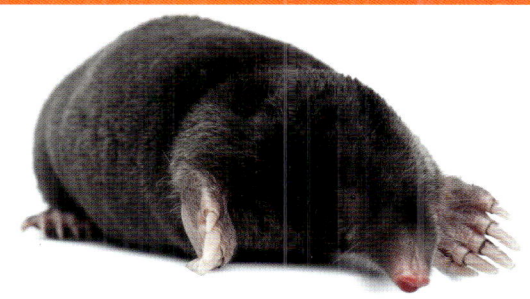

**Größe:** Ca. 12–16 cm lang und bis ca. 130 g schwer.

**Nahrung:** Insekten, Schnecken, Regenwürmer, Echsen und kleine Nagetiere.

**Fortpflanzung:** Zwischen Ende April und Anfang Juni bringt die Maulwurfmutter 3–4 Junge zur Welt. Die Kleinen werden nackt und blind in einem Nest geboren.

**Lebensweise:** Der Maulwurf ist ein Einzelgänger, der unter der Erde lebt. Seine Augen haben sich im Laufe der Zeit zurückentwickelt, denn unter der Erde wird der Sehsinn nicht benötigt.

## Feldmaus

**Größe:** Bis zu 10 cm lang und zwischen 20 und 50 g schwer.

**Nahrung:** Gräser, Kräuter, Getreide, Feldfrüchte.

**Fortpflanzung:** Die Feldmaus kann bis zu 7 Mal pro Jahr 4–12 Junge zur Welt bringen. Sie nutzt dafür ein ausgepolstertes Nest, denn ihre Jungen kommen nackt und blind zur Welt.

**Lebensweise:** Die Feldmaus gehört zu den Wühlmäusen und gräbt verzweigte unterirdische Gänge dicht unter der Erdoberfläche.

## Feldhamster

**Größe:** Bis zu 33 cm lang und 400–500 g schwer.

**Nahrung:** Feldfrüchte, Kräuter, wirbellose Tiere.

**Fortpflanzung:** Zwischen Mai und August bringt das Weibchen in ein bis zwei Würfen jeweils bis zu 6 Jungtiere zur Welt. Diese werden blind und nackt geboren.

**Lebensweise:** Feldhamster sind dämmerungs- und nachtaktive Einzelgänger, die Winterschlaf halten. Sie graben Höhlen mit bis zu zwei Metern Tiefe.

# Vögel

## Rebhuhn

**Größe:** Bis zu 30 cm, das Gewicht liegt zwischen 300 und 450 g.

**Nahrung:** Überwiegend Sämereien, Getreidekörner und Wildkräuter. Die Jungtiere brauchen Insekten.

**Fortpflanzung:** Im Mai legt die Henne bis zu 12 Eier in eine Bodenmulde und brütet diese aus. Nach dem Schlüpfen verlassen die Küken das Nest schon nach der ersten Nacht. Sie sind sogenannte Nestflüchter und schlüpfen mit fertigem Gefieder. Nach drei Wochen können sie schon gemeinsam mit ihren Eltern fliegen. Die Gruppe aus Eltern und Küken nennt man „Kette".

**Lebensweise:** Bei den Rebhühnern sind alle Tiere tarnfarben. Sie benötigen abwechslungsreiche Landschaften mit Hecken, Ackerland, Wiesen und Ödland. Das Rebhuhn ist in Deutschland selten geworden, da ihm Sträucher und Hecken als Versteck vor Feinden fehlen.

## Fasan

**Größe:** So groß wie ein Huhn, bis 1,5 kg schwer.
**Nahrung:** Pflanzenteile, Körner, Insekten und Würmer.
**Fortpflanzung:** Ab Mitte Mai legt die Henne 8–12 Eier in eine Erdmulde. Manchmal legen auch mehrere Hennen ihre Eier in ein und dasselbe Nest. Die geschlüpften Küken können gleich der Mutter folgen. Nach zwei Wochen können sie schon ein bisschen fliegen.

**Lebensweise:** Der Hahn ist sehr bunt und auffällig gefärbt, die Henne dagegen so, dass sie gut getarnt ist. Das ist wichtig, denn sie brütet am Boden die Eier aus. Fasane schlafen nachts auf Bäumen. Die langen Schwanzfedern sind oft lebensrettend, denn sie gehen schnell aus, wenn z. B. der Fuchs versucht, sie daran zu packen.

## Kuckuck

**Größe:** Ca. taubengroß und 120 g schwer.
**Nahrung:** Insekten.
**Fortpflanzung:** Im Frühjahr legt das Weibchen etwa 24 Eier in die Nester der verschiedensten Singvögel und lässt sie von den anderen Vogelmüttern ausbrüten. Das Weibchen wählt dabei meist ein Nest der Vogelart, von der sie selbst aufgezogen wurde. Kuckucksküken sind in der Regel größer als die Küken der Ersatzmutter und werfen häufig kurzerhand die anderen Eier und Jungvögel aus dem Nest.

**Lebensweise:** Der Kuckuck fällt durch seinen Ruf auf. Es klingt tatsächlich, als würde er seinen eigenen Namen rufen. Er überwintert in Afrika.

## Mäusebussard

**Größe:** So groß wie eine Ente, aber wesentlich größere Flügelspannweite. Bis ca. 1 kg.

**Nahrung:** Mäuse, Kleintiere und Aas.

**Fortpflanzung:** Ende April legt das Weibchen 2–3 Eier in ein großes Nest. Die Küken schlüpfen in weißem Pelz und sehend.

**Lebensweise:** Der Mäusebussard setzt sich gerne auf Zaunpfähle und Masten, um nach Beute Ausschau zu halten. In der ersten Zeit der Aufzucht versorgt das Männchen das Weibchen und die Jungen, später fliegen beide Eltern, um Nahrung für den Nachwuchs zu suchen.

Nach 5 Wochen sind die Küken flügge, werden aber noch weiter von den Eltern versorgt. Erst im August trennen sich alle und jeder lebt für sich allein.

## Saatkrähe

**Größe:** Etwas größer als eine Taube, ca. 500 g schwer.

**Nahrung:** Allesfresser (Pflanzen, aber auch Mäuse und Insekten).

**Fortpflanzung:** Saatkrähen brüten gemeinsam in großen Kolonien. Dabei sind sie nicht zu überhören.

**Lebensweise:** Im Winter bilden Saatkrähen große Schwärme und ziehen teilweise nach Mittel- und Südeuropa. Sie leben mit einem Partner ein Leben lang zusammen und können sehr alt werden. Krähen sind sehr intelligent und lernfähig.

# Ringeltaube

**Größe:** Etwas größer als eine Haustaube, bis 500 g.

**Nahrung:** Knospen, Blüten, Körner, Fichtensamen und Eicheln.

**Fortpflanzung:** Ab April legt das Weibchen in 2–3 Bruten jeweils 2 weiße Eier. Die Jungen werden von beiden Eltern mit einer Art „Milch" aus ihrem Kropf gefüttert.

**Lebensweise:** Tauben bewohnen Wälder, Feldgehölze, aber auch Parks und Gärten. Ihr markanter Ruf klingt wie ein gurrendes „rrruhhh-rrruhhh". Die Nester der Tauben sind flache Plattformen aus dünnen Ästen in Astgabeln.

# Insekten/ Weichtiere/ Reptilien

### Grashüpfer

**Größe:** 2–6 cm.
**Nahrung:** Pflanzen.
**Fortpflanzung:** Grashüpfer legen Eier, die den Winter über ruhen, sodass die Larven im darauffolgenden Jahr schlüpfen.
**Lebensweise:** Erwachsene Grashüpfer können von Juni bis November gefunden werden. Trotz angedeuteter Flügel sind sie nicht flugfähig. Dafür haben sie lange, kräftige Hinterbeine, mit denen sie weit springen können.

# Hummel

**Größe:** Ca. 1 cm.

**Nahrung:** Nektar und Pollen. Die Pollen sammelt sie an ihren Beinen. Das sieht dann so aus, als würden die Hummeln gelbe Höschen tragen.

**Fortpflanzung:** Hummeln legen Eier. Die Hummelkönigin baut im Frühjahr aus Wachs Brutwaben für die Aufzucht der Arbeiterinnen. Diese helfen ihr dann, weiteren Hummelnachwuchs großzuziehen und Nahrung zu besorgen.

**Lebensweise:** Die Königin nutzt für ihr Nest gerne verlassene Mauselöcher.
Zur Verteidigung können Hummeln sowohl beißen als auch stechen.

## Weinbergschnecke

**Größe:** Bis zu 10 cm lang und ca. 30 g schwer.

**Nahrung:** Gräser und Blätter.

**Fortpflanzung:** Die Schnecke legt 30–60 Eier in eine kleine Grube. Nach ca. 4 Wochen schlüpfen die kleinen Schnecken mit Haus und sind gleich selbstständig.

**Lebensweise:** Schnecken sind nachtaktive Einzelgänger, die den Winter in einer sogenannten Winterstarre an einem geschützten Ort verbringen. Schnecken können kleine Beschädigungen an ihrem Haus ausheilen. Ihr knochenloser Körper ist durch eine ledrige Haut geschützt. Bei Gefahr ziehen sie sich in ihr Schneckenhaus zurück. Schnecken ertasten mit den Fühlern am Kopf ihren Weg.

## Eidechse

**Größe:** 10 bis 25 cm lang.

**Nahrung:** Insekten, Weichtiere und Vogeleier.

**Fortpflanzung:** Nach der Paarungszeit zwischen März und Mai legt das Weibchen ihre Eier ab. Manche Arten bringen auch Junge zur Welt.

**Lebensweise:** Die Eidechse fällt in einem frostfreien Unterschlupf unter der Erde in Winterstarre. Dabei werden durch die kühlen Temperaturen die Bewegungen und die Abläufe im Körper fast bis auf Null zurückgefahren. Die Tiere werden erst wieder aktiv, wenn im Frühjahr die Temperaturen steigen.

## Regenwurm

**Größe:** 10 bis 30 cm lang.

**Nahrung:** Gräser und Blätter.

**Fortpflanzung:** Prinzipiell ganzjährig mit Ausnahme der Wintermonate. Nach der Befruchtung legt der Regenwurm die Eier in einem Kokon ab, aus dem die kleinen Würmer schlüpfen.

**Lebensweise:** Der Regenwurm lebt unter der Erde. Dort gräbt er enge Röhren und stabilisiert diese mit seinem Kot. Bei milden Temperaturen lebt er in den oberen Erdschichten, bei sehr heißem Wetter oder Frost hält er sich tiefer im Boden auf und verharrt in der Kältestarre oder einem Übergangsschlaf. Der Kot ist ein wichtiger Dünger für die Pflanzen.

# Die Wegrandapotheke

„Oh!" Wiebke macht plötzlich ein schmerzverzerrtes Gesicht.

„Was ist passiert?" Michael und Frau Pirschner drehen sich besorgt zu ihr um.

„Ich habe mich an einer Brennnessel gestochen", antwortet Wiebke und deutet auf ihr Bein. Dort sind dicke Pusteln zu erkennen, die sich weiß von der geröteten Haut abheben.

„Autsch, das brennt", klagt Wiebke leise.

„Das glaube ich dir", sagt Frau Pirschner. „Setz dich mal hin und warte kurz!" Die Jägerin läuft gebückt am Wegrand entlang und scheint etwas zu suchen.

Hummel setzt sich zu Wiebke ins Gras und legt ihr die Pfote auf den Arm, es scheint fast so, als wolle der Hund das Mädchen trösten.

„Ah, da ist er ja!" Frau Pirschner pflückt etwas und kommt zu den Kindern zurück.

„Das ist Spitzwegerich. Sein Saft hilft bei Stichen und kleinen Wunden." Schnell zerdrückt sie die Pflanze und tupft den austretenden Saft auf die Pusteln.

„Du wirst sehen, das bringt schnell Linderung", tröstet sie Wiebke.

Der kühle Saft tut Wiebkes Bein gut und bald ist auch der Schmerz schon fast wieder vergessen.

Michael ist beeindruckt, was eine Jägerin so alles weiß, sie kennt nicht nur die Tiere und Bäume, sondern auch viele Kräuter im Revier.

# Kräuter

## Spitzwegerich

Ist ein gutes Hustenmittel und unterstützt Wunden bei der Heilung. Bei kleinen Wunden oder Brennnessel-/ Insektenstichen hilft es, Spitzwegerichblätter zu zerdrücken und auf die Wunde zu legen.

## Kamille

Hat eine sehr gute heilende Wirkung, z.B. als Tee bei Bauchschmerzen oder als Bad bei schlecht heilenden Wunden. Aber auch als Öl ist es toll für die Haut. Dazu werden einfach zwei Handvoll frische, zerstoßene Kamillenblüten in ein helles Glas mit Schraubverschluss gefüllt und mit einem Liter Sesam- oder Olivenöl übergossen. An einem sonnigen Ort reift das Öl zwei bis drei Wochen lang, dann wird es durchgesiebt und kann einfach auf die Haut gerieben werden.

## Brennnessel

Brennnesseln können durch ihre Nesselsäu-re schmerzhafte Hautrötungen verursa-chen. Aber Angst braucht man trotzdem nicht vor ihnen zu haben. Sie brennen nur dann, wenn die kleinen Haare an den Blät-tern und Stielen abbrechen und das pas-siert nicht, wenn man an der Pflanze von unten nach oben entlangstreicht. Brenn-nesseln sind wunderbare Heilpflanzen. Als Tee getrunken, reinigen sie den ganzen Körper von innen und entgiften ihn.
Junge Brennnesseln schmecken auch sehr gut als Beigabe zu Salaten oder als Pesto.

## Löwenzahn

Wenn man die Löwenzahnstängel auseinanderzieht und sie ins Wasser legt, rollen sie sich lustig zusammen. Aus den Blättern kann man einen leckeren Salat machen. Löwenzahn regt den Appetit an. Und sehr gut schmeckt auch Löwenzahnhonig, der wie folgt hergestellt werden kann: 300 g Löwenzahnblüten mit 2 l Wasser aufkochen, dann über Nacht ziehen lassen. Mit einem Tuch filtern und mit 2 kg Zucker und 2 geschnittenen Zitronen 3–4 Stunden köcheln lassen, bis es anfängt, Fäden zu ziehen. Den Honig in Gläser füllen und kalt werden lassen.

Reifer Löwenzahn, auch „Pusteblume" genannt.

# Holunder

Aus den Blüten lässt sich ein toller Tee kochen, der bei Erkältungen gut hilft.

Die reifen Beeren können zu Saft eingekocht werden, der reich an Vitaminen ist. Als Marmelade schmecken die Holunderbeeren ebenfalls prima und auch Holundersirup ist leicht selbst zu machen:

6 Holunderblütendolden abwaschen. Mit einem Liter Wasser übergießen und über Nacht in einem mit Deckel verschlossenen Topf ziehen lassen. Dann alles durch ein Sieb in einen Topf schütten und mit 400 g Zucker aufkochen. Nach und nach den

Saft einer Zitrone hinzugeben und alles ein paar Minuten köcheln lassen. Nach dem Abkühlen erneut filtern und in Flaschen füllen. Der Sirup wird mit Mineralwasser verdünnt getrunken.

> **Vorsicht:** Alle Teile des Holunders sind roh giftig! Der Genuss führt zu Übelkeit und Durchfall. Erst durch Erhitzen wird der Holunder genießbar und gesund.

# Ein Salzlutscher für die Wildtiere

Alle sitzen jetzt wieder im Auto. Frau Pirschner wirft einen Blick auf ihre Uhr. Es ist jetzt 15.30 Uhr. „Ich würde gerne noch eine Salzlecke im Revier anfahren und einen neuen Salzleckstein dorthin bringen. Wollt ihr noch mit oder soll ich euch lieber zum Hof bringen?" Sie blickt fragend in den Rückspiegel zu den Kindern.

„Klar wollen wir mit!", kommt die Antwort wie aus der Pistole geschossen.

„Wisst ihr denn, was eine Salzlecke ist?", möchte Frau Pirschner wissen.

Michael und Wiebke blicken erst sich, dann die Jägerin an und schütteln den Kopf.

„Ich habe im Revier verschiedene Stellen in Bach- und Teichnähe mit sogenannten Salzlecken ausgestattet", beginnt Frau Pirschner zu erklären. „Dies sind entrinde-te Baumstämme, die ca. 1,5 m hoch sind und fest in der Erde stehen. Oben drauf lege ich einen Salzleckstein. Salz ist lebensnotwendig für unser Wild. Das Raubwild deckt seinen Salzbedarf durch das Fleisch, das es frisst. Die Pflanzenfresser nehmen es zum großen Teil durch Kräuter auf. Da aber durch die Landwirtschaft viele dieser Kräuter nicht mehr oder nur selten vorkommen und in vielen unserer Kulturpflanzen kein Salz vorhanden ist, muss der Jäger mit solchen Salzlecken aushelfen."

Am Teich, der von einem munteren Bachlauf gespeist wird, stoppt sie den Wagen und alle steigen aus. Frau Pirschner nimmt den viereckigen weißen Salzleckstein und trägt ihn zu dem hellen Pfahl auf der Wildwiese. Ganz oben legt sie den Stein in eine dafür vorgesehene Halterung. Wiebke schaut skeptisch. „Aber wie sollen die Tiere da drankommen?", fragt sie die Jägerin.

„Das brauchen sie nicht. Denn das Salz wird von oben durch Tau und Regen cen Pfahl entlanggespült und so kann jedes Tier, ob groß oder klein, es vom Pfahl ablecken. Schaut mal, wie glatt der Pfahl schon ist. So bleibt das Salz auch sauber und wird nicht verunreinigt", erzählt Frau Pirschner.

„Wichtig ist, dass das Wild in der Nähe der Salzlecke immer frisches Wasser fincet, denn Salz macht durstig. Hier haben sie den Teich und den Bach. Im Teich leben übrigens viele Tiere."

# Der kleine Unterwasserdrache

Michael und Wiebke laufen zum Teich und schauen hinein. Das Ufer fällt sanft ab und in den Bereichen, in denen die Sonne das flache Wasser erwärmt, entdecken die Kinder ein seltsames Tier. „Frau Pirschner", ruft Michael, „hier ist ein kleiner Unterwasserdrache."

Die Jägerin kommt zu den Kindern und lässt sich den Drachen zeigen. „Das ist ein Molch. Ja, du hast recht, er sieht ein wenig wie ein kleiner Drache aus", stimmt sie zu, als sie sich gemeinsam das fingerlange, vierbeinige Tier anschauen, welches auf dem Rücken einen richtigen Drachenkamm hat. „Molche gehören zu den Schwanzlurchen. Sie leben in der Paarungszeit in solchen stehenden Gewässern und verlassen diese erst wieder im August. Im Winter graben sie sich im Erdboden ein oder verstecken sich tief im Laub. Sie ernähren sich von Mückenlarven und anderen kleinen Wassertieren", erklärt sie dann.

„Warum weißt du das alles?", staunt Michael.

„Nun, ein Jäger ist doch verantwortlich für sein Revier und muss dafür sorgen, dass das Zusammenspiel zwischen dem Lebensraum und seinen tierischen und pflanzlichen Bewohnern im Gleichgewicht bleibt. Deswegen ist es wichtig, sich gut in seinem Revier auszukennen. Die Natur ist gesund, solange Bäume und Pflanzen wachsen, keimen und sterben, Bakterien die toten Pflanzenteile zu neuer Erde verarbeiten und sich Insekten um die Verbreitung der Pollen kümmern. Auch alle im Wald lebenden Vögel und Säugetiere haben ihren Platz und ihre Aufgabe, genau wie diese Molche hier", erzählt die Jägerin.

„Nun wollen wir aber los, eure Mutter wartet bestimmt schon auf die Würstchen", zwinkert Frau Pirschner den Kindern zu.

# Leben an Bach und Teich

## Teichmolch

**Größe:** 9,5–11 cm.
**Nahrung:** Schnecken, Würmer, Froschlaich, Insektenlarven.

**Fortpflanzung:**
Zwischen März und Mai legt das Weibchen 300 Eier ab, die sie an Wasserpflanzen befestigt.

**Lebensweise:** Teichmolche sind wechselwarme Tiere, das bedeutet, dass sie während der kalten Jahreszeit in eine Winterstarre verfallen und mit steigenden Temperaturen wieder beweglicher werden. Der nachtaktive Teichmolch verbringt den Winter an einem feuchten, frostgeschützten Ort, z. B. in einer Erdhöhle, unter Wurzeln oder in Stein- und Laubhaufen.

In der Zeit von Herbst bis Frühjahr lebt der Molch ausschließlich an Land. Im Frühjahr begeben sie sich in Tümpel und andere stehende Gewässer. Hier legt das Männchen

eine sogenannte Wassertracht an, bei der es einen über den ganzen Rücken verlaufenden Kamm entwickelt. Die Bauchseite und die Unterseite des Schwanzes färben sich leuchtend orange, zusätzlich zeigt sich seitlich ein glänzend blauer Streifen.

# Libelle

**Größe:** Libellen haben eine Flügelspann-weite zwischen 2 und 15 cm und eine Kör-perlänge zwischen 2 und 10 cm.

**Nahrung:** Mückenlarven, Insekten. Größe-re Arten fressen auch Kaulquappen und kleine Fische.

**Fortpflanzung:** Von Juli bis Oktober legt das Weibchen ihre Eier in Gewässern ab.

**Lebensweise:** Die Libelle lebt immer in Ge-wässernähe. Sie besitzt zwei unterschied-lich große Flügelpaare, die sie getrennt voneinander bewegen kann. Dadurch ist es Libellen möglich, auch rückwärts zu flie-gen und schnelle Flugma-növer durchzuführen. Während die Larven nach dem Schlüpfen bis zu zwei Jahre im Larvenstadium verbrin-gen, haben die erwachsenen Libellen nur eine Lebenserwartung von wenigen Wochen.

## Frosch

**Größe:** 3–5 cm.

**Nahrung**: Insekten, Ringelwürmer, Spinnen.

**Fortpflanzung:** Von März bis Mai legt das Weibchen ihre Eier (Laich) in Gewässern ab, wo sie gleich vom Männchen befruchtet werden.

**Lebensweise:** Zehn Tage nach der Eiablage schlüpfen winzige Kaulquappen. Sie atmen wie Fische durch Kiemen. Nach sechs bis sieben Wochen wachsen den Kaulquappen Beine. Zuletzt verschwindet der Schwanz. Jetzt haben sich die Lungen voll entwickelt und der kleine Frosch geht an Land.

Frösche sind Amphibien. Das heißt, sie können sowohl an Land als auch im Wasser leben. In der Paarungszeit erzeugen Frösche mithilfe ihrer Schallblase quakende Paarungsrufe.

Kaulquappen

Froschlaich

# Graureiher

**Größe:** Spannweite bis 1,70m bei einem Gewicht von nur ca. 1,5kg.

**Nahrung:** Ein Graureiher benötigt 500g tierische Nahrung pro Tag. Dazu gehören Fische, Wassertiere, Mäuse, Insekten, Reptilien und Jungvögel.

**Fortpflanzung:** Graureiher brüten in hohen Bäumen, gerne mit anderen Reihern in einer Kolonie. Das Weibchen legt im März 3–5 Eier.

**Lebensweise:** Der Graureiher ist ein Teilzieher, das heißt, dass einige Vögel über den Winter hierbleiben, andere nach Südwesteuropa und Nordafrika ziehen.

## Stockente

**Größe:** So groß wie eine Hausente, aber leichter (bis 1,5 kg).

**Nahrung:** Wasserpflanzen, Gräser, Samen, Getreide, Eicheln und kleine Wassertiere.

**Fortpflanzung:** Die Ente brütet in einem gut verstecken Nest bis zu 13 Eier aus. Wenn sie das Nest verlässt, deckt sie es gut ab, z. B. mit Gras oder Laub.

**Lebensweise:** Nach dem Schlüpfen folgen die Küken der Mutter bereits nach kurzer Zeit im „Gänsemarsch" zum Wasser. Sie können gleich schwimmen und Nahrung suchen.

Der Erpel wechselt im Sommer sein Gefieder und ähnelt der Ente, er behält aber seinen gelben Schnabel. Diese Tarnfarbe benötigt er, da er sich in dieser Zeit in der „Mauser" befindet. Er wechselt seine Federn und ist für diese Zeit flugunfähig. Die Ente wechselt ihr Federkleid etwas später, auch sie ist dann für kurze Zeit flugunfähig. Über den Winter trägt der Erpel ein schillerndes Prunkkleid mit dem typischen grünen Kopf.

# Bis zum nächsten Mal

Zurück auf dem Hof geht Frau Pirschner in den Verkaufsraum des kleinen Hofladens und kommt mit den Wildwürstchen zurück. Hummel hebt den Kopf, schnuppert, ja, und wäre zu gerne Gast beim Grillen! Für beide Kinder hat die Jägerin jeweils eine der so beliebten Wildknacker dabei.

„Danke", strahlen die beiden und beißen herzhaft hinein. Sie mögen diese fingerdicken geräucherten Würstchen sehr gerne.

„Lasst es euch schmecken und grüßt eure Eltern von mir. Wenn ihr mögt, sehen wir uns nächsten Samstag und suchen gemeinsam die Wiese nach Kitzen ab."

„Das machen wir", ruft Michael winkend, als sie sich auf den Heimweg machen.

Auch die Jägerin winkt noch und streichelt dann Hummel. „Na, wollen wir beide nun auch etwas zu Essen machen?"

# Tipps, Ideen und Adressen

**Lernort Natur Rollende Waldschule:**

Wird von den Kreisjäger-schaften angeboten. Mit dem Lernort-Natur-Mobil mit viel Anschauungs-material besuchen Jä-ger für eine Schulstunde den Sachkunde- oder Biologieunterricht. Auch Exkursionen und Unterstützungen bei Projekttagen gehören zum Angebot.

*www.lernort-natur.de*

**Info-Material beim DJV:**

Der DJV bietet im Rah-men der Initiative Lernort Natur ein breit gestreutes Angebot an Materialien wie Handbücher, Plakate, Tafeln, Spiele und Ausrüstung.

*www.djv-service.de/kinder-schulen/spiele-ausruestung*

**information.medien.agrar e.V.:**

Aufgabe des vor 50 Jahren gegründeten i.m.a e.V. ist es, Wissen zu vermitteln und den Dialog zwischen Landwirtschaft und Verbrauchern zu fördern. Deshalb stellt er Pädagogen stufenübergreifende Lehrma-terialien von der Elementarstufe bis zur Se-kundarstufe II zur Verfügung. So kann das Thema „Landwirtschaft im Unterricht" realis-tisch und praxisorientiert gestaltet werden.

***Tipps für Führungen mit Kindern:***

→ Regeln müssen festgelegt werden. Das bewahrt vor Unfällen und „Verlust" der Kinder.

→ Konzentration aufrechterhalten, indem sich Zuhören mit Bewegungsangeboten abwechselt.

→ Begreifen durch „be"-greifen dürfen. Alle Sinne mit einbeziehen. An den Blättern riechen lassen, das Fell der Tiere berühren usw.

→ Interaktion mit der Gruppe. Keine Monologe führen, sondern auf Fragen der Kinder eingehen. Dadurch aber nicht den roten Faden verlieren und die Gruppe immer wieder zurück zum Thema führen. Das kann gut über Spiele gelingen.

**Niko Fux**

## Gibt es denn hier Stinktiere?

**Mit der Jägerin unterwegs**

Eine Frage, die viele Kinder und Erwachsene heute nicht mehr beantworten können. Was lebt, läuft, wächst und wandelt in unseren heimischen Wäldern? Dieses Kinderbuch ist Lehrbuch und Lektüre in einem. Die Kinder erleben gemeinsam mit einer Schulklasse einen Ausflug in den Wald und bekommen von der Jägerin Frau Pirschner dessen Geheimnisse gezeigt. Ergänzende Infoseiten verdeutlichen dazu die heimische Tier- und Pflanzenwelt. Kinder die Natur erleben lassen – ein Anliegen, das der Miss Jägerin 2013 wichtig ist. Für Kinder von 5 bis 10 Jahren. 2., überarb. Aufl., Hardcover, 96 Seiten, zahlr. Abb., Format: 21 x 20 cm.

**ISBN 978-3-7888-1680-3**

**Preis: € 14,95**

**Asche/ Leuchtenberger**

## Kannst Du mal die Leber halten?

**Mein erster Tag auf der Jagd**

Dieses Buch schließt endlich die Lücke in der Reihe hübscher Kinderbücher, die doch immer dann versagen, wenn es zum Kern der Sache mit der Jagd kommt. Der alte Mann und das kleine Mädchen gehen zum ersten Mal zusammen hinaus ins Revier. Sie lauschen gemeinsam in die Natur und erleben ihre wunderschönen Bilder. Sie machen Beute. Am erlegten Rehbock sprechen sie über das Entscheidende in der Welt, über Leben und Sterben. Für Kinder zw. 5 und 10 Jahren und Erwachsene. Hardcover, 32 Seiten, zahlr. Abb., Format: 29,7 x 21 cm.

**ISBN 978-3-7888-1617-9**

**€ 12,95**

**Schabacker-Gerland / Volkmar**

## Ist der Hirsch der Mann vom Reh?

Kinder wollen nicht nur wissen, welche Tiere in unseren heimischen Wäldern leben. Sie möchten auch detaillierte Informationen. Die Autorin Petra Schabacker-Gerland hat sich auf die Fährten von Rehen, Füchsen und Hirschen gemacht, die von dem europaweit bekannten Wildtierfotografen Karl-Heinz Volkmar dokumentiert werden. Ein Natursachbuch, das Kinder ab 8 Jahren begeistert. Hardcover, 96 Seiten, zahlr. Abb., Format: 21 x 20 cm.

**ISBN 978-3-7888-1033-7**

**€ 14,95**

**Winfried von Schumann**

## Malspaß für kleine Waldläufer

Wild- & Waldmalbücher für Kinder ab 3 Jahren. Die fantasievollen Skizzen regen die kleinen Künstler zum Ausmalen und Vervollständigen an. Zu jedem Bild gibt es einen bunten Sticker, der bei der Farbauswahl hilft, ohne die eigene Kreativität zu bremsen, jedoch zusätzlich noch Puzzlespaß beim Suchen der richtigen Skizze macht. Softcover, 32 Seiten, zahlr. Abb., Format: 16,8 x 23,5 cm.

| | |
|---|---|
| **Malspaß 1** | **ISBN 978-3-7888-1154-9** |
| **Malspaß 2 – Vögel** | **ISBN 978-3-7888-1302-4** |
| **Malspaß 3 – Wildtiere** | **ISBN 978-3-7888-1592-9** |
| **Malspaß 4 – Tiere auf dem Lande** | **ISBN 978-3-7888-1740-4** |

**je € 5.-**

# Impressum

1. Auflage 2016

ISBN 978-3-7888-1726-8

© 2016 Verlag J. Neumann-Neudamm AG, Melsungen

Verlag J. Neumann-Neudamm AG

Schwalbenweg 1

34212 Melsungen

Tel. 05661.9262-26

Fax 05661.9262-19

info@neumann-neudamm.de

www.neumann-neudamm.de

Printed in Slovenia

Titel: J. Neumann-Neudamm AG

Satz & Layout: J. Neumann-Neudamm AG

Herstellung: Gorenjski Tisk, Kranj

## Bildnachweis:

© Illustrationen: Jennie Bödeker, die Gräphin: Seiten 5, 6, 15, 17, 24, 38, 55, 75, 82, 90, Titelbild, Rückseite;

© Hans-Georg Schumann: Seite 42

Fotolia.com: Vorsatz © Jürgen Fälchle; Seite 2 o. l. © Alekss; Seite 2 o. r., 72 o. © Vitali Hulai; Seite 2 u., 79 r. o. © luisapuccini; Seite 3 o., 9, 20-21, 28 l., 30 u., 88 r. © fotomaster; Seite 3 u. l., 21 o., 61 o., 62 r. o., 63 r. o., 68, 69 o., 87 u. © Eric Isselée; Seite 3 u. r., 86 l. o. © creativnature; Seite 8 © yevgeny11; Seite 11 © FountainPix; Seite 34-35 © Miredi; Seite 19 © ahavelaar; Seite 21 u. © BillionPhotos; Seite 10, 22, 23, 31 u., 37 l. u. © countrypixel; Seite 26-27 © Ingo Bartussek; Seite 28 r. © spirenko; Seite 29 r. © studiodr; Seite 29 l. u. © anankkml; Seite 29 l. o. © buhanovskiy; Seite 30 o. © DenisNata; Seite 31 l. o. © underdogstudios; Seite 31 r. o. © Kara; Seite 33 © MaciejBledowski; Seite 12-13 © Fotimmz; Seite 36 © Production Perig; Seite 37 l. o. © lilifox; Seite 37 m. o. © Eugene Chernetsov; Seite 62 l. u. © arolina66; Seite 37 r. o., © sixtus; Seite 37 m. u. © astakhova; Seite 37 r. u. © Budimir Jevtic; Seite 40 l. m. © Dmytro Sukharevskyy; Seite 40 l. o. © atoss· Seite 40 l. u., © srooll; Seite 40 r.o. © Maksim Pasko; Seite 40 r. m. © emar; Seite 40 m. u. © andriigorulko; Seite 40 l. u. © alho007; Seite 41 l. o. © ExQuisine; Seite 41 l. m. © spline_x; Seite 41 l. u. © vaslex; Seite 41 m. u. © mbongo; Seite 41 r. © rasica; Seite 43 © Simank; Seite 44-45 © Robert Schneider; Seite 46 © jammiko; Seite 47 © konradkerker; Seite 49 © Leo Wyden; Seite 50 © JiSign; Seite 51 © Syda Productions; Seite 52-53 © Megaloman1ac; Seite 56 © Asdrid Meissner; Seite 58 l. © Photc-SD; Seite 58 r. o. © Pim Leijen; Seite 58 r. u. © Arpad; Seite 59 o., 67 u. © Joachim Neumann; Seite 59 u., 66 u., 69 u. © Erni; Seite 60 l. © Roman Samokhin; Seite 60 r. u. © PRILL Mediendesign; Seite 61 u. © Santia3; Seite 62 l. o. © Farinoza; Seite 62 r. u. © allocricetulus; Seite 63 l. © rhoenes; Seite 63 r. u. © dd; Seite 64 r. © cynoclub; Seite 65 © ijedema; Seite 66 o. l. © Ifrabanedo; Seite 67 l. © dracozlat; Seite 67 r. o. © YK; Seite 68 l. u. © taviphoto; Seite 70 o. © Henrik Larsson; Seite 70 u. © digitalfoto105; Seite 71 l. © Alexey Prostasov; Seite 71 r. © Sailorr; Seite 72 l. © rcfotostock; Seite 72 r. © trek6500; Seite 73 l. © guy; Seite 73 r. © Michael Rogner; Seite 76 l. © marina kuchenbecker; Seite 76 r. © Fotofermer; Seite 77 l. © Soru Epotok; Seite 77 r. © voltan; Seite 78 o. © Alexander Raths; Seite 78 u. © lola1960; Seite 79 l. © polcrpx; Seite 79 r. © Valerii Zan; Seite 81 © RioPatuca Images; Seite 84 l. © M.R. Swadzba; Seite 84 r. o. © kikkerdirk; Seite 84 r. u. © silvioheidler; Seite 85 o. © beerphotographer; Seite 85 u. © als; Seite 86 l. u. © bigemrg; Seite 86 r. o. © ionnysek; Seite 86 r. u. © xandra83; Seite 64 l., 87 o. © dieter76; Seite 88 l. © Africa Studio; Seite 89 o. © AnaGram; Seite 89 l. u. © rck; Seite 89 r. u. © peteri; Seite 92 l., © Jan Jansen; Seite 93 © sges; Seite 94-95 © Evgenia Tiplyashina; Nachsatz © romantsubin – Fotolia.com